FÜR MEINE LIEBLINGS-
Mama

LIEBE MAMA,
ICH HAB DICH SOOO LIEB –
MEHR, ALS WORTE
ES JE SAGEN KÖNNTEN.

ABER ICH
PROBIERE ES AUF
DEN NÄCHSTEN SEITEN
TROTZDEM MAL!

Ich habe wirklich
SO EIN GLÜCK,
dass genau du meine Mama bist,
denn du bist
einfach Gold wert!

VOM **ERSTEN** AUGENBLICK
WARST DU FÜR MICH DA.

DU HAST MICH AN DIE HAND GENOMMEN
UND MIR GEDULDIG

die Welt ERKLÄRT.

Daran hat sich wenig geändert.
Ich darf dich immer noch
mit meinen Fragen überschütten
und es gibt kaum ein Problem,
das du nicht lösen kannst.
Du bist meine persönliche

gute Fee!

BIS HEUTE
VERLASSE ICH MICH
AUF DEINEN KLUGEN RAT.

AUCH WENN
ICH IHN MANCHMAL NICHT
SOFORT BEFOLGE.
UND ES DANN MEISTENS
SCHNELL BEREUE!

Meine Mutter

HATTE EINEN HAUFEN
ÄRGER MIT MIR,

**ABER ICH GLAUBE,
SIE HAT ES GENOSSEN.**

Mark Twain

Auch wenn es manchmal sicher
nicht einfach mit mir ist:
Du lässt mich

NIE IM REGEN STEHEN!

Zumindest nicht lange.

Und wenn doch mal alles schiefläuft,
dann zauberst du mit meinem Lieblingsessen
meine schlechte Laune einfach davon!

Nirgendwo sonst schmeckt es so gut
wie im berühmten

3-STERNE-RESTAURANT

MAMA

★ ★ ★

Danke,

DASS DU IMMER AN MICH GLAUBST, MAMA.
DU MACHST MIR MUT UND
NAVIGIERST MIT MIR JEDE KRISE.
ES GIBT KEIN CHAOS, DAS DICH AUS
DER RUHE BRINGEN KANN. ♥

Du bist
nicht nur meine Mama,
sondern auch eine tolle Freundin
und meine Komplizin
fürs Leben.

Wir beide
sind einfach ein

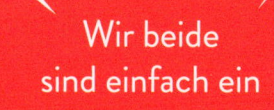

DREAM
TEAM!

GOTT KONNTE NICHT ÜBERALL
GLEICHZEITIG SEIN,

DESHALB HAT ER *Mütter* ERFUNDEN.

Rudyard Kipling

WO AUCH IMMER ICH GERADE BIN:
DU BIST MEIN ZUHAUSE,
MEINE HEIMAT,
MEIN SICHERER HAFEN.

Quatschen, lachen, backen,
Abenteuer erleben ...

Mit dir

macht das Leben einfach
viel mehr Spaß!

♥

AUCH WENN ES GANZ SCHÖN
VIEL KONKURRENZ GIBT:

Die weltbeste Mama

BIST UND BLEIBST

DU!

Selbst das
letzte Stück Kuchen würdest du

MIT MIR TEILEN

und dann felsenfest behaupten,
dass du Kuchen eigentlich gar nicht
so gerne magst.

DEIN HERZ IST RIESENGROSS.

JEDE DUMMHEIT
UND JEDEN FEHLER
VERZEIHST DU MIR.

DU BIST

EINFACH EIN

Goldstück !

Eine Mutter ist

eine Frau,

deren Liebe der Himmel
gesegnet hat.

Émile Zola

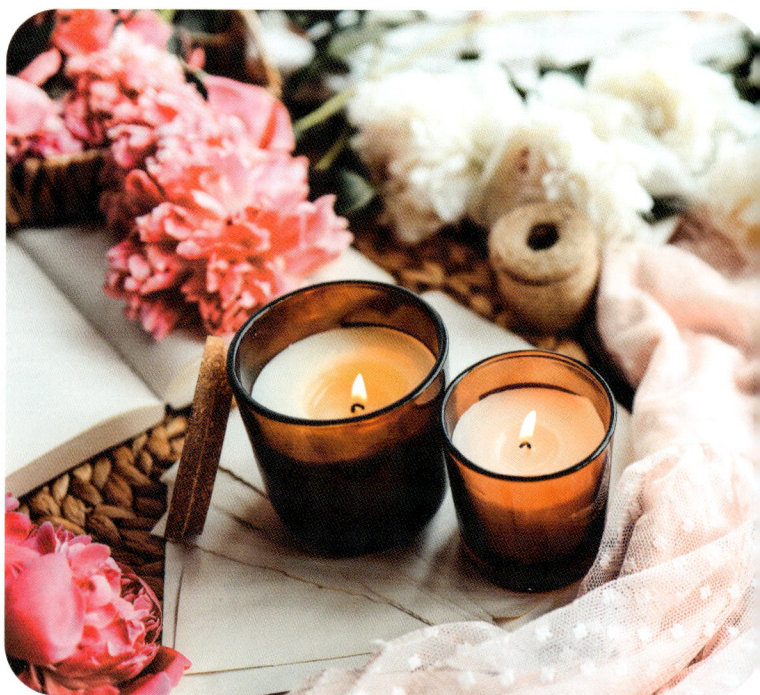

AUCH WENN ES
BESTIMMT NICHT EINFACH IST:
DU LÄSST MICH DIE WELT ENTDECKEN
UND MEINE EIGENEN FEHLER MACHEN.
DU SCHENKST MIR FLÜGEL UND
GLEICHZEITIG EIN ZUHAUSE, IN DAS
ICH IMMER ZURÜCKKEHREN KANN.

MEINE KINDHEIT WAR DANK DIR
ETWAS GANZ BESONDERES.
AUCH AUS DEN KLEINEN MOMENTEN
HAST DU ETWAS GROSSARTIGES
GEZAUBERT.

UNSERE VIELEN
SCHÖNEN ERINNERUNGEN SIND
EIN WERTVOLLER SCHATZ

für mich.

MIT EINER KINDHEIT VOLL LIEBE, KANN MAN

EIN **GANZES LEBEN**
LANG HAUSHALTEN.

Jean Paul

FALLS DICH DOCH MAL
ZWEIFEL PLAGEN,
KANN ICH DICH BERUHIGEN:

Du hast das bisher
ganz großartig gemacht,
Mama.
Ich bin ziemlich

TOLL

geworden!

UND WEISST DU WAS?
DAS BESTE AN MIR HABE ICH

von dir.

ICH HOFFE, DASS ICH
EINES TAGES AUCH NUR HALB
SO GROSSARTIG SEIN WERDE

wie du!

ICH BIN SO FROH,
DASS ES DICH GIBT,

Mama.

DANKE

FÜR

alles!

Textnachweis: Wir danken allen Autoren bzw. deren Erben, die uns freundlicherweise die Erlaubnis zum Abdruck von Texten erteilt haben.

Bildnachweis: Cover: discan/DigitalVision Vectors/Getty Images; dwph/stock.adobe.com (Gold); Shutterstock.com (Papierhintergrund)
Innenteil: S. 1, 4, 6, 12, 13, 20, 24, 37, 44, 45: discan/DigitalVision Vectors/Getty Images; S. 9: ashka2000/stock.adobe.com; S. 25: Jordan Parks Photography/Getty Images; S. 40/41: uv_group/stock.adobe.com; alle übrigen Illustrationen und Fotos: Shutterstock.com.

Cover, Layout und Satz: Sabine Schröder
Gesamtherstellung: AZ Druck und Datentechnik GmbH, Kempten

Für meine Lieblingsmama
GTIN 978-3-8485-0244-8
© 2024 Groh Verlag. Ein Imprint der Verlagsgruppe
Droemer Knaur GmbH & Co. KG, München
www.geschenkverlage.de

FSC
www.fsc.org

MIX
Papier | Fördert
gute Waldnutzung
FSC® C008457